내가 나를 믿는다는 것

내가 나를 믿는다는 것

랄프 왈도 에머슨 지음

Self-Reliance

이명섭 옮김

─── 인간은 자기 자신을 향해 가장 빛나는 별이다 ───

내가 나를 믿는다는 것

1쇄 발행 2025년 3월 24일

지은이 랄프 왈도 에머슨
옮긴이 이명섭
펴낸이 조일동
펴낸곳 드레북스

출판등록 제2024-000094호
주소 경기도 부천시 소향로143, 918호(중동, 필레오트윈파크1)
전화 032-323-0554 **팩스** 032-323-0552
이메일 drebooks@naver.com
인스타그램 @drebooks

인쇄 (주)프린탑
배본 최강물류

ISBN 979-11-93946-34-3 03190

CONTENTS

내 자신에 대한 자신감을 잃으면,

온 세상이 나의 적이 된다.

If I have lost confidence in myself,
I have the universe against me.

1장

나 자신을 믿는다는 것

언제까지 끌려다닐
것인가

***

너 자신을 밖에서 찾지 말라.

인간은 자기 자신을 향해 빛나는 별이다.
영혼은 정직하고 완전함으로 이끄는 길이며
모든 빛과 힘과 운명을 지배한다.
우리에게 너무 빠르거나 너무 늦은 일은 없다.
우리의 행위는 천사가 인도할지니
선이든 악이든
운명의 그림자는 언제나 우리와 함께한다.

어린 것을 바위에 던져두고

암컷 늑대의 젖을 물리게 하라.

매와 여우와 더불어 겨울을 나게 하라.

그러면 그의 손과 발은 강하고 빠르게 되리니.

얼마 전에 나는 이름난 화가가 쓴 시 몇 편을 읽었다. 그의 시는 틀에 얽매이지 않은 독창적인 작품이었다. 그가 무엇을 말하고 싶든 그의 시에서 우러나오는 감정은 그 어떤 사상보다 더 가치 있다.

이와 같은 시는 늘 내 영혼에 이렇게 말한다.

"내 안의 생각을 믿는 것, 누구도 아닌 스스로 진실이라고 믿는 것은 모든 사람에게도 진실이 된다. 그것이 천재의 재능이다."

마음속에 숨은 확신을 망설이지 말고 소리 내어 말하라. 설령 사람들이 그 소리를 외면한다고 해도 그 확신은 머지않은 날에 모두에게 보편적인 의미가 될 것이다. 그대가 깊숙이 간직하고 있던 생각을 세상에 드러낼 때, 마침내 승리의 나팔 소리와 함께 그대의 영광으로 되돌아올 것이다. 그리고 그 소리는 모두에게 친숙하게 다가갈 것이다.

왜 모세, 플라톤, 밀턴은 오랜 시간이 지나도 세상에 찬

양받는가? 그것은 그들이 책에 있는 내용이나 앞선 세대
가 언급한 것을 되짚거나 세상 사람들 누구나 생각하는 것
이 아닌, 자기 생각을 이야기했기 때문이다.

시인이나 철학자들이 제시하는 지침이 아니라 자신의 내
면에서 반짝이는 빛을 발견하고 관찰하는 법을 배워야 한
다. 하지만 사람들은 대부분 늘 자기 생각에 주목하지 않
고, 오히려 그 생각이 남들과 다르다는 이유로 습관처럼
밀쳐내곤 한다.

우리는 천재적인 작품들에서 우리가 내버린 생각들과 마
주한다. 한때 우리가 품었던 그것들은 이제 가까이 다가가
기 어려운 위엄이라는 갑옷을 입고 우리에게 되돌아온다.
이것이 위대한 예술 작품에서 얻을 수 있는 가장 큰 교훈
이다.

"반대편에서 모두가 떠들더라도 부드럽게, 하지만 단호
하게 내 안에 빛나는 신념과 직관에 귀 기울여라. 그렇지
않으면 내일 어떤 사람이 불쑥 나타나 따져 물을 것이다.
당신은 그동안 무엇을 생각했는가?"

언제까지 남들이 하는 말을 따르고, 초라해지는 자신과
마주할 것인가?

내 인생의 주인이
되고 싶은가

***

우리는 모두 배워야 한다. 질투는 어리석음이고 모방은 멸망이라는 것을, 좋을 때나 나쁠 때나 자신의 몫을 받아 들여야 하며, 드넓은 우주가 좋은 것들로 가득 차 있더라 도 자기에게 주어진 밭을 직접 갈지 않고는 영양가 있는 옥수수 낟알도 절대로 얻을 수 없다는 사실을.

그대 안에 존재하는 힘은 완전히 새로운 것이며, 그대가 무엇을 할 수 있는지는 그대 자신 외에는 아무도 알지 못 한다. 스스로 도전해보기 전에는 그 어떤 것도 알 수 없다.

어떤 얼굴, 어떤 성격, 어떤 사실에서는 깊은 인상을 받 지만, 또 다른 얼굴이나 성격, 사실에서는 아무 느낌도 받 지 못하곤 한다. 이미 머릿속에 자리잡은 것들과 조화를 이룰 때만 새로운 것이 기억에 새겨지기 때문이다.

눈은 마땅히 빛이 비치는 곳을 향하고, 그 빛을 증명한다. 그러나 우리는 우리 자신에 대해서는 절반조차 표현하지 못하고, 자신의 신성한 생각을 남들이 나무랄까 봐 부끄러워한다. 그것을 조화롭고 선한 것으로 여기고 신뢰했더라면, 그것은 우리 모두에게 주어졌을 것이다. 하지만 신은 비겁한 자에 의해 자신의 과업이 드러나는 것을 용납하지 않는다. 신성함이 세상에 드러나려면 신성한 사람이 필요하다.

자기 일에 정신을 집중하고 최선을 다했을 때 마음을 놓고 기뻐한다. 그렇지 못하면 스스로 말하고 행한 것들이 자신에게 평안을 가져다주지 않는다. 구원은 누가 가져다주는 것이 아니다. 자신의 능력을 스스로 인정하고 신뢰하지 않는 한 뮤즈는 곁에 다가오지 않고 창조도 희망도 사라진다.

자기 자신을
믿어라

***

그대, 자신을 믿어라. 그대의 마음이 강철 같은 진리에 진동하게 하라.

신의 섭리가 그대를 위해 마련해둔 자리, 사회, 모든 일의 연결고리를 받아들여라. 위대한 사람들은 언제나 그렇게 해왔다. 어린아이처럼 순수한 시대정신에 자기를 맡기고, 자신의 내면에서 우러나오는 목소리에 집중했으며, 자기 손으로 행하고, 자신의 존재 전체를 자신이 지배할 수 있다는 것을 보여주었다.

그리고 전진하라. 가장 고결한 마음으로 그 초월적인 운명을 받아들여라. 구석에 숨지 말고, 혁명 앞에서 도망치는 겁쟁이가 아니라 길잡이와 구원자로서, 고귀한 은혜를

베푸는 자로서, 전능한 힘을 따르며 '혼돈'과 '어둠'을 뚫고 앞으로 나아가라.

젖먹이, 아이, 심지어 동물들의 얼굴과 행동에서 드러나는 가르침은 얼마나 아름다운가. 그들에게는 흐트러지거나 반발심, 불신이 없다. 그런 감정은 손익을 따지고 목적에 어긋나는 힘과 수단을 선택하는 데서 나온다. 그들의 마음은 더없이 깨끗하고, 그들의 눈은 어디에도 더럽히지 않았으며, 우리는 그들의 얼굴을 보며 부끄러움을 느낀다.

아기는 누구에게도 순응하지 않는다. 오히려 모두를 그 앞에 순응하게 한다. 아기가 혼자 있으면 어른들이 몰려가 어르고 장난치지 않는가.

신은 아기는 물론 아이와 청소년, 어른에게도 그에 걸맞은 매력으로 무장시켜 선망의 대상이 되게 하고, 품위를 지니게 하며, 스스로 설 수 있는 한 그들의 주장이 굴복당하지 않게 한다.

젊은이가 쩔쩔매며 할 말을 제대로 하지 못한다고 해서 아무런 능력도 힘도 없다고 생각하지 말라. 귀를 기울여보라. 옆방에서 들리는 그의 목소리는 더없이 또렷하고 단호하지 않은가.

나 스스로
내가 되어라

***

바로 그 사람이다.

먹는 것 외에는 아무것도 하지 않은 것처럼 보이는 수줍음 많은 그가 이제 종소리처럼 또렷하게 말한다. 같은 시대 사람들에게 어떻게 말해야 할지 알고 있는 듯이. 부끄럼을 많이 타든 대담한 성격이든 상관없이, 그는 더 나이 많은 사람들을 쓸모없는 존재로 만들어버릴 것이다.

아이는 때가 되면 저녁이 오고 식사가 준비될 것을 의심하지 않는다. 군주 같은 태연함이야말로 우리가 천성적으로 타고난 건강한 면이다.

극장의 일등석을 차지한 사람처럼 아이는 거실에 앉아 있다. 독립적이고 그 무엇도 의무감을 느끼지 않는 아이는 지나가는 사람이나 사실들을 지켜본다. 그것이 좋은지 나쁜지, 흥미로운지 시시한지, 짜임새가 있는지 엉성한지, 그 자리에서 자신의 방식대로 그들을 시험하고 판단한다.

아이는 결과나 이해관계에 얽매이지 않고, 남에게 방해받지 않으며, 독립적이고, 가장 참된 판결을 내린다. 어른은 아이의 비위를 맞춰야 하지만, 아이는 어른을 전혀 신경쓰지 않는다.

이에 반해 어른은 자의식이라는 감옥에 갇혀 있다. 튀는 언행은 남들의 미움을 사리라 짐작해 주변 사람들의 감정부터 살핀다. 행동하거나 말하기 전에 남들부터 의식하며, 자신을 지켜보는 사람들의 애정에 의지한다.

그대가 중립적이고 신과 같은 독립된 존재로 되돌아갈 수만 있다면, 그대는 어떤 맹세에도 구애받지 않고, 모든 것을 순수한 마음으로 관찰하고, 두려움 없이 결백한 사람이 될 것이다. 그때 그대는 주위에서 일어나는 모든 일에 자신이 생각하는 것을 그대로 말할 것이다. 그 의견은 단순히 개인적인 것이 아니라 귀에 화살처럼 꽂혀 수많은 이들을 두려움에 떨게 할 것이다.

나만의 신성함을
위하여

***

고독 속에서 또렷하게 들리는 목소리는 세상으로 들어 갈수록 점점 희미해진다.

사회는 모든 구성원의 인간성에 어긋나는 음모의 굴레다. 사회는 주식회사와 같다. 그 안의 구성원들은 저마다의 몫을 더 안전하고 더 많이 지키기 위해 자유와 문화를 포기하는 데 동의한다. 여기에서 가장 요구되는 덕목은 순응이며, 독립은 혐오만 불러온다. 사회는 현실과 창조자가 아니라 명함과 관습을 사랑한다.

그대가 진정한 인간이 되고자 한다면 순응하지 않는 사람이 되어야 한다. 불멸의 승리를 얻고자 한다면 선(善)에 의지하지 말고, 우선 그것이 참된 선인지 따져야 한다.

신성한 것은 마음에서 우러나오는 진실함뿐이다. 자신을 용서할 수 있다면 세상의 동의를 얻게 될 것이다.

　어렸을 때, 내게 교회의 오래된 교리를 강요하던 충고자가 있었다. 내가 그에게 물었다.

　"만일 내가 온전히 내면에서 우러나오는 명령을 따른다면, 신성한 전통이 무슨 상관있을까요?"

　내 말에 그가 말했다.

　"하지만 그런 충동적인 생각은 위로부터가 아니라 저 아래의 천한 데서 오는 것일 수 있어."

　그 말에 나는 이렇게 대답했다.

　"그렇지 않은데요. 내 생각이 천한 데서 왔다면, 그래서 내가 악마의 아들이라면 나는 악마처럼 살겠어요."

　내게는 나의 본성 외에는 어떤 법도 신성하지 않다. 선함과 악함은 쉽게 뒤바뀔 수 있는 이름에 불과하며, 유일하게 옳은 것은 내가 나의 성전에 세운 법률인 본성을 따르는 것이다. 내 안의 본성에 어긋나는 것만이 유일하게 그른 것이다.

　모든 반대하는 목소리에도 모든 것이 그대 자신을 위해 존재한다고 믿고 행동해야 한다.

나를 밀쳐내는
것들

***

 우리가 계급장과 명함, 큰 집단과 허울뿐인 명성에 얼마나 쉽게 굴복하는지 생각하면 부끄러워진다.

 권위 있고 말 잘하는 사람들이 그대를 해치고 흔들어 놓더라도 그때야말로 흔들리지 말고 씩씩하게 나서서 진실을 말할 때다.

 악의와 허영심이 박애라는 외투를 뒤집어쓴들 모를 리 있겠는가. 어떤 사람이 가장 먼저 노예제도 폐지를 들고 일어선 섬나라 바베이도스의 최신 뉴스를 가지고 내게 왔다고 하자. 그곳의 소식을 들먹이며 노예제도를 폐지해야 한다고 큰소리치는 그가 사실은 험악한 고집쟁이라면, 그에게 이렇게 말하지 못할 이유가 있을까?

"가서 당신의 아이를 사랑하고, 당신을 위해 장작을 패는 사람을 사랑하세요. 착한 성품과 겸손함으로 품위를 지키세요. 당신의 사납고 자비 없는 야망을 천 리 밖 흑인에 대한 대단한 믿음으로 포장하지 마세요. 멀리 있어 이룰 수 없는 그 사랑이 집에서는 원망이 될 수 있습니다."

몹시 거칠고 품위 없는 말로 들리는가? 그러나 진실은 거짓된 애정보다 훌륭하다. 선함에는 얼마간 날카로움이 있어야 한다. 그렇지 않으면 선함이 아니다. 사랑의 가르침은 울고 흐느낌에 머무는 것이 아니라, 그 안에 증오의 가르침이 깃들어 있어야 한다.

나의 천재성이 나를 부를 때, 나는 부모와 아내, 형제도 멀리할 것이다. 나는 문설주에 '이대로 두세요'라고 써 붙여 놓을 것이다. 그 말을 설명하느라 시간을 허비할 필요는 없다. 내가 왜 함께 있을 사람을 찾는지, 왜 혼자 있고 싶은지 설명해주기를 기대하지 말기 바란다. 섬광 같은 영감이 서둘러 달아나지 않도록, 좀 더 나은 방향으로 이어지도록 온 힘을 기울여라.

"가난한 사람을 도와야 하는 것은 당연하고, 당신에게도 그런 의무가 있지 않습니까?"

어떤 사람은 내게 이렇게 물을 것이다. 그런 말은 내게 하지 마라. 그들이 나의 가난한 사람들인가?

나는 어리석은 자선가들에게 말할 것이다.

"나는 그들에게 속하지 않고 그들 역시 나에게 속하지 않습니다. 그런 사람들에게 주는 돈은 단 한 푼도 아깝습니다."

정신적인 유대가 깊어 내가 아낌없이 주어도 모자란 사람이 있다. 그를 위해서라면 나는 기꺼이 감옥에라도 갈 것이다. 하지만 잡다하고 통속적인 자선사업, 바보들만 키우는 교육, 많은 이들이 헛된 목적을 위해 후원하는 공공건물, 주정뱅이를 위한 지원금, 수많은 구호단체를 위한 일이라면 나는 거절할 것이다.

내 인생을 남에게
의지하지 않기

***

　대중이 평가하는 덕이란 규칙이라기보다는 예외라고 해
야 옳다.

　세상에는 사람이 있으며, 또한 사람의 덕이 존재한다.
그리고 사람들은 가기로 약속한 행사에 불참한 대가로 벌
금을 내듯이 자신의 용기와 자비심을 보여주기 위해 선행
이라고 불리는 행위를 한다.

　그들의 선행은 자신이 세상을 살아간다는 사실에 대해
사과하거나 속죄라고 해야 옳다. 이는 무능하거나 미친 자
가 비싼 숙박요금을 내는 것과 같다. 그들의 덕은 결국 참
회다.

　그대는 속죄하지 않고 살기 바란다. 그대의 삶은 그대의

삶 자체를 위한 것이지 남들에게 보여주기 위한 것이 아니다. 화려하고 불안정한 삶보다 긴장이 덜한 삶이 낫지 않은가. 이런 삶이 더 진실하고 평화롭다. 그대의 삶이 건강하고 달콤하며, 식이요법이나 수술이 필요하지 않기를 바란다.

"당신이 한 사람의 인간이라는 근본적인 증거를 제시해 보시오."

이 질문에 대한 답이 마음 깊은 곳에서 우러나온 것이 아니라 겉으로 드러난 행위에서 나온 것이라면 거부하라. 많은 이들에게 훌륭하다고 여겨지는 행위를 하거나 하지 않더라도 아무런 차이가 없다.

나는 내가 본래 가진 어떤 특권에 대가를 지급하지 않을 것이다. 나의 재능이 아무리 부족하고 하찮을지라도 나는 나로 존재하고 있다. 나는 나 자신으로 존재하므로 애써 나를 주변 사람들에게 이해시킬 필요가 없다.

나는 내가 무엇을 해야 하는지가 중요할 뿐, 남들이 나를 어떻게 생각하는지는 신경쓰지 않는다. 이것은 실생활과 지적인 삶에서 어려운 일이지만, 위대함과 평범함을 나누는 잣대가 된다.

세상에는 내가 아는 것보다 나의 의무가 무엇인지 더 잘 안다고 생각하는 사람들이 있게 마련이므로 이 기준을 지키기가 어렵다. 세상을 살면서 세상의 의견을 좇아 살기는 쉽고, 혼자 남았다면 자신의 의견에 따라 살아가는 것이 쉽다. 하지만 위대한 사람은 군중 속에서도 온화한 태도로 혼자 있을 때와 같은 독립성을 잃지 않는다.

순응하는
삶의 비극

*＊＊

　이미 낡을 대로 낡은 관습에 순응하는 것은 나의 힘을 흩뜨릴 뿐만 아니라 나만의 개성을 흐리게 한다.

　세속화되어 하느님의 사랑이 깃들지 않은 교회나 단체에 기부하거나, 정책에 찬성하든 반대하는 오로지 거대 정당에만 투표한다면, 그는 아무런 힘도 발휘하지 못한다. 그런 일에 매달리는 동안 인생에서 더 중요한 일에 써야 할 힘을 빼앗기기 때문이다.

　자기 일을 하라. 그러면 나는 그가 어떤 사람인지 알 수 있다. 그대의 일을 하라. 그러면 그대는 더 강해질 것이다. 순응이 얼마나 어리석은 짓인지 생각해보라.

　누군가 어느 종파를 속해 있는지 내가 알고 있다면, 나는 그가 어떤 주장을 할지 충분히 예상할 수 있다. 목사가 자기 교회가 어느 종파에 속해 있고 그 종파가 얼마나 세상에 이로운지에 관한 설교를 할 것이라는 말을 들었다고 하자. 설교를 직접 듣지 않아도 그의 말이 결코 새롭거나 자발적이지 않다는 사실을 알지 않는가. 그가 종파의 알려지지 않은 사실을 소개한다고 하지만, 결국 그 종파의 울타리에서 벗어나지 못할 것은 당연하다. 그는 이미 한 사람의 인간이 아니라 그 종파의 목사로서 자신에게 허용된 것만 소리칠 뿐이다.

그는 고용된 대리인이며, 청중의 분위기는 공허한 애정에 불과하다. 사람들은 눈을 가린 채 쫓아다니는 술래잡기처럼 자신의 눈을 가리고, 듣고 싶은 말에만 귀를 기울인다. 그렇게 순응하는 탓에 그들은 몇몇 사실을 잘못 이해할 뿐 아니라 명확한 모든 사실을 그릇되게 만들어버린다.

참된 진실은
내 안에 있다

***

그들의 진실은 진실이 아니다. 그들이 하는 모든 말은 세상을 실망하게 하고, 이를 바로잡으려면 어디서부터 어떻게 해야 할지 알 수 없을 정도다. 그러는 사이 그들은 자신도 모르게 그토록 찬양하는 단체의 죄수복을 입게 된다. 모두가 한 가지 얼굴과 외양을 닮아가고, 가장 어리석은 표정을 짓게 될 것이다.

그중에서도 가장 치욕적인 경험은 일상생활에서 '바보 같은 표정으로 아첨하는 것'이다. 별로 관심 없는 대화에 대답하느라 얼굴에 나타나는 억지웃음이 그것이다. 그럴 때면 얼굴 근육을 억지로 움직여야 하므로 기분이 나빠지고 표정이 딱딱해진다.

세상은 순응하지 않는 사람을 향해 못마땅하다는 듯 채찍을 휘두른다. 어떤 사람이 얼굴을 찌푸리고 있으면 주위 사람들은 그의 기색을 살핀다. 길거리에서나 사람들이 모인 자리에서 방관자들은 그를 흘겨본다.

만약 그들의 경멸을 순순히 인정한다면 쓸쓸히 집으로 돌아갈 수밖에 없다. 하지만 그들의 상냥한 미소가 그렇듯 찌푸린 얼굴에도 깊은 뜻이 없다. 그저 바람이 부는 대로, 어제와 오늘의 풍문에 따라 오락가락할 뿐이다.

물론 대중의 분노는 의회나 대학의 불만보다 훨씬 더 강력하다. 세상을 잘 알고 교양 있다고 떠벌리는 사람일수록 상처받기 쉬우므로 주위를 잘 살피고 어떤 일이 자신에게 생길지 몰라 최대한 몸을 움츠린다.

그러나 그토록 세상을 잘 안다고 자부하고 으스대는 그들의 나약함에 대중이 격분하면, 그들이 그토록 어리석고 가난하다고 무시한 자들이 들고일어나면, 사회 밑바닥에 깔린 야수 같은 힘이 으르렁거릴 때는 그들의 가치는 순식간에 무너진다. 이런 그들에게 휩쓸리지 않고 당당하게 맞서기 위해 얼마나 많은 이들이 숨죽였는가.

일관성이라는
이름의 덫

***

자기 신뢰에서 멀어지게 하는 또 다른 요인은 어리석은 일관성이다. 우리는 과거에 자신이 한 행동이나 말에 지나치게 집착한다. 그것은 과거를 소중하게 여기는 것이 아니라, 그것 말고는 자신을 내보일 것이 없고, 주위 사람들이 실망할까 두려워 어리석은 일관성에 집착한다.

자신이 일관되지 못하다며 왜 고개를 숙이는가? 왜 공적인 자리에서 여기서 한 말과 저기서 한 말이 다르지 않을까 걱정하며 괴물 같은 기억의 시체를 끌고 다니는가? 과거에 했던 언행과 모순되는 말이나 행동을 했다고 한들 어쩔 것인가.

지나간 일에 기대지 말라. 아주 순수한 기억이라 할지라도 거기에 의존하지 말라. 그 대신 과거를 바로 오늘, 눈앞에 가져와 판단하라. 그리고 완전히 새로운 날을 살고, 자신의 감정을 믿어라.

영혼의 경건한 움직임이 찾아왔을 때는, 신이 어떤 모습이더라도 마음과 몸을 그에 맡겨라. 요셉이 매춘부의 손에 그의 외투를 맡긴 것처럼, 자신의 어리석은 일관성, 즉 자신이 한결같이 믿고 있는 '자신만의 논리'를 버리고 그 자리에서 멀리 벗어나라.

어리석은 일관성은 옹졸한 마음의 장난이다. 그것은 보잘것없는 정치인과 철학자, 성직자들만이 떠받드는 도깨비다. 일관성과 위대한 영혼은 아무런 관계도 없다. 일관성을 걱정하는 것은 벽에 비친 자신의 그림자를 걱정하는 것과 같다.

오해를 두려워하지
말 것

***

지금 생각하는 것을 바로 지금 과감하게 말하라. 그리고 내일은 내일 생각하는 바를 확실하게 말하라. 비록 오늘 말하는 것이 어제 말한 것과 모순된다고 하더라도 확실하게 말하라.

누군가는 이렇게 말할 것이다.

"그러면 남들에게 오해받을 게 뻔합니다."

오해라니! 오해받는 일이 그렇게 나쁜 일인가? 피타고라스와 소크라테스, 예수, 루터, 그리고 코페르니쿠스, 갈릴레오, 뉴턴도 오해받았다. 육신을 가진 순수하고 지혜로운 영혼은 모두 세상으로부터 오해를 받았다. 위대한 인물이 된다는 것은 당연히 오해를 받는다는 것이다.

누구도 자신의 본성을 거스를 수 없다. 안데스와 히말라야의 굴곡진 산봉우리들도 지구의 곡선 안에서는 미미한 것처럼, 솟구치는 인간의 모든 의지는 그의 존재 법칙에 따라 하나로 모일 뿐, 그것을 이리 재어보고 저리 시험해본들 아무 소용없다.

신이 그대에게 허락한 숲속의 집에서 하루하루 그대만의 정직한 생각들을 기록하라. 미래를 내다보거나 과거를 떠올리는 일 없이, 그것이 비록 그대가 의도하지 않았고 보지 못하더라도 그대의 삶과 균형을 이룰 것이다.

그대가 기록한 정직한 생각들에는 솔향이 나고 풀벌레 소리가 들릴 것이다. 창가에서 지저귀는 제비가 무명실이나 지푸라기를 물고 와서 집까지 지어줄 것이다.

인간은 누구나 그 자신을 위해 나아가며, 본성은 우리의 의지보다 높은 곳에서 우리를 가르친다. 흔히 외적인 행동에 의해서만 자신의 덕과 죄가 드러난다고 생각하지만, 매 순간 선과 악을 호흡하고 있다는 사실을 깨닫지 못한다.

2장

인생의 주인이 된다는 것

진정한 행동은
스스로 증명한다

***

    어떤 다른 행동을 하더라도 그 행동이 진실하고 자연스럽다면, 거기에는 분명히 들어맞는 점이 있을 것이다. 비록 겉으로는 그렇게 보이지 않더라도 모든 행동은 오직 하나의 의지에 따라 조화를 이룬다. 조금만 거리를 두고, 그리고 조금만 높은 곳에서 내려다보면 서로 다른 종류들은 눈에 띄지 않는다. 하나의 경향이 모든 것을 아우른다.

    아무리 훌륭한 배라도 바람에 따라 이리저리 뱃길을 바꾸며 나아간다. 그러나 충분히 거리를 두고 보면 뱃길이 일직선을 이루는 것을 알 수 있다. 이처럼 진실한 행동은 자신을 설명하고 다른 진실한 행동을 설명할 것이다. 진실한 행동은 그 자체로 설명될 것이며, 다른 진실한 행동들

까지 설명해줄 것이다. 반대로 순응은 아무것도 설명해주지 않는다.

홀로 행동하라. 지금껏 해왔던 일들이 오늘의 그대를 설명해줄 것이다.

위대함은 항상 미래에 호소한다. 오늘 그대가 남들의 시선에 아랑곳없이 올바른 행동을 할 수 있는 것은 지금의 그대를 변호할 만큼 이전에도 많은 일을 해온 덕분이다.

지금 당장 행동하라. 그러면 모든 일은 마땅히 나아가야 할 곳으로 흘러간다.

겉모습을 무시하라. 인격의 힘은 모여서 쌓인다. 지난날에 행한 덕의 힘이 오늘을 좌우한다. 우리의 상상력을 가득 채우는 영웅들의 위엄은 어디에서 오는가? 그것은 위대한 날과 벅찬 승리의 기억에서 비롯한다. 그 기억들은 앞으로 나아가는 행위자에게 한결같은 빛을 비춘다. 바로 그 빛이 영국의 최연소 총리이자 뛰어난 웅변가인 채텀의 목소리에 천둥을, 미국의 초대 대통령 워싱턴의 기지에 위엄을, 미국 독립전쟁의 지도자 애덤스의 눈에 미국을 안겨주었다.

명예는 일시적인 것이 아니기에 숭고하다. 명예는 언제

나 오래된 덕목이다. 오늘날 우리가 그것을 숭배하는 까
닭은 그것이 현재의 것이 아니기 때문이다. 우리가 명예
를 사랑하고 경의를 표하는 것은 그것이 우리의 사랑과 경
의에 대한 덫이 아니기 때문이다. 그것은 자기 자신에게서
우러나온 독립적인 것이며, 따라서 오래된 순결한 혈통을
지닌다.

그 무엇도
그 누구도 아닌

***

순응과 일관성에 대해서는 이제 더는 듣지 않기를 바란다. 그런 말은 신문 한구석의 가십난에나 실려 웃음거리가되길 바란다. 저녁 식사를 알리는 벨 대신 피리 소리를 듣게 하라.

더는 머리를 조아리고 사과하지 말라. 위대한 사람이 그대와 식사하기 위해 온다고 해도 그의 비위를 맞추지 말라. 대신 그가 그대를 기쁘게 해주도록 하라. 그대는 인정을 베풀기 위해 여기에 서 있다. 그 인정은 친절하고 진실한 것이다.

겉만 번지르르한 평범함과 천박한 만족을 꾸짖고 질책하라. 관습과 거래, 관직에 맞서 모든 역사의 결말이라고 할 만한 다음과 같은 사실을 보여주어라. 우리가 사는 곳이라면 어디든 위대한 사상가와 행동가가 있으며, 진정한 인간은 그 어떤 다른 시대나 장소에 속하지 않고 늘 만물의 중심에 있다는 사실을.

참된 인간이 있는 곳이 우주의 중심이다. 이것이 그대와 모든 사람, 그리고 모든 대상을 재는 척도다.

사람들은 대부분 다른 어떤 것이나 다른 어떤 사람을 떠올린다. 하지만 인격과 실제는 우주 전체를 대신하기에 그 어떤 것도 떠올리게 하지 않는다. 그대는 세상을 둘러싼 모든 환경을 하찮게 만들어버릴 만큼 거대한 존재가 되어야 한다. 모든 위대한 사람들이 그렇게 했고 그렇게 한다.

모든 진정한 인간은 하나의 목적이자, 하나의 국가이자, 하나의 시대다. 그들이 제 생각을 완전히 이루려면 무한한 공간과 시간이 필요하다. 그리고 그에 예속된 후손들은 그의 발자취를 따르게 될 것이다.

카이사르가 출현한 뒤로 로마제국이 오랫동안 영화를 누렸다. 예수 그리스도가 태어나자 수백만 명이 그의 경건함에 의지해 성장했고, 그래서 그리스도는 인간의 미덕과 가능성과 동일시되고 있다.

하나의 제도는 한 사람의 그림자가 이어진 것이다. 이집트의 수도승으로 동방수도원을 창시한 안토니, 종교개혁의 선두에 선 루터, 퀘이커교를 창시한 폭스, 감리교 운동을 주도한 웨슬리, 노예제도를 폐지한 클락슨이 그렇듯이. 밀턴이 고대 로마의 장군 스키피오를 "로마의 절정"이라고 부른 것도 이와 다르지 않다. 모든 역사는 용감하고 열정적인 인물의 일대기로 귀결된다.

세상은 나를 위해 존재한다

***

그대 자신의 가치를 알고, 모든 것을 그대의 발아래에
두어라. 세상은 그대를 위해 존재하므로 엿보거나 훔치거
나 기웃거리지 말라.

그대 곁의 사람들은 탑을 세우고 대리석에 신상을 조각
하는 것과 같은 힘에 상응하는 가치를 자신에게서 찾지 못
한 탓에 탑과 신상을 보면서 초라함을 느낀다. 그들에게는
궁전과 조각상, 값비싼 책이 황금 마차 행렬처럼 너무나
멀고 낯설게 느껴진다. 마차에 탄 사람이 그들에게 "누구
신가요?"라고 물을까 봐 움츠러든다.

그러나 그것들은 모두 원래 그대의 것이며, 그대의 애정
을 기다리는 구혼자이며, 언젠가는 그대가 능력을 발휘해

그것들을 가지게 될 것이다.

그대 앞에 있는 그림이 그대에게 지시하는 것이 아니라 그대의 평가를 기다리고 있다. 그림의 가치를 결정하는 것은 그 누구도 아닌 그대 자신이다.

우화가
말하는 것

***

널리 알려진 술주정뱅이 우화가 있다. 술주정뱅이가 길거리에 만취해서 쓰러져 있었다. 누구도 그를 거들떠보지 않았지만, 한 공작부인이 자기 집으로 데려가 씻기고 새 옷을 입히고 침대에 눕혔다. 주정뱅이가 잠에서 깨어나자 모두가 그를 공작처럼 대했다. 그러자 술주정뱅이는 자신이 진짜 공작이며, 잠시 정신이 나갔을 뿐이라는 사실을 알아차린다. 이 우화는 인간이 처한 상황을 너무나 잘 표현해주고 있다. 이 세상에서 인간은 일종의 술주정뱅이 상태에 놓여 있다. 하지만 깨어나 정신을 차리면 자신이 진정한 귀족이라는 사실을 깨닫는다.

마음이 향하는 곳으로
가라

＊＊＊

사람들은 책을 읽을 때 마치 구걸하는 것처럼 책 내용에 아첨한다. 역사를 바라볼 때도 그들의 상상은 그들 자신을 속인다. 왕국과 통치자, 권력과 재산 같은 어휘들은 작은 집에서 평범한 일상을 보내는 존과 에드워드와 같은 이름 없는 사람들과 비교하면 훨씬 화려하다. 하지만 인생에서 일어나는 일은 둘 다 똑같다.

그렇다면 왜 바이킹들을 기독교로 개종시킨 알프레드, 오스만제국에 대항해 알바니아 독립을 이끈 스칸데르베그, 스웨덴을 강국으로 만든 구스타부스에게 경의를 표하는가? 그들이 덕 있는 인물이라고 해도 그들이 그 덕을 남김없이 사용했는가?

그들의 공적이고 이름 높은 발자취를 뒤따르는 것만큼
이나 커다란 보상이 오늘 그대의 평범한 행위에도 깃들어
있다. 그대가 독자적인 견해를 갖고 행동할 때, 그 광채는
왕과 군주들로부터 그대에게 옮겨 갈 것이다.

세계는 왕의 가르침을 받고, 왕은 국민의 시선을 한 몸
에 받는다. 이 위대한 상징을 통해 사람과 사람이 서로 표
해야 할 경외를 배운다.

사람들은 어디에서나 왕과 귀족, 대영주에게 기쁜 마음
으로 충성을 바친다. 이 충성심은 그들 자신의 권리와 아
름다움, 그리고 모든 사람의 권리에 관한 인식을 보여주는
상형문자다. 왕과 귀족은 이런 충성심을 토대로 자신만의
법을 만들고, 자신만의 척도로 사람과 세상을 평가하고,
은혜는 돈이 아니라 명예로 갚고, 자신이 곧 법을 대표한
다고 선언한다.

모든 독창적인 행위는 왜 우리를 끌어당기는가? 그것은
자기 신뢰의 이유를 탐구함으로써 자연스럽게 설명할 수
있다.

'신뢰받는 자'는 누구인가? 보편적인 신뢰의 근거가 되
는 원초적 '자아'란 무엇인가? 과학을 당혹스럽게 하는

저 별의 본질과 힘은 무엇인가? 시차도 없고 계산 가능한 요소도 없는, 사소하고 불순한 행동에도 아름다움의 빛을 쏘아 올리는 별의 본질과 힘은 무엇인가?

이 질문은 우리를 재능과 덕과 생명의 본질, 즉 우리가 '자발성' 또는 '본능'이라고 부르는 근원으로 인도한다. 우리는 이 근원적인 지혜를 후천적으로 배우는 교육과 대비해 '직관'이라고 부른다. 그 심오한 힘, 분석할 수 없는 궁극적인 사실 속에 모든 생명의 공통된 근원이 있다.

아무도 걷지 않은
길이지만

***

고요한 시간에 영혼의 내부에서 존재의 감각이 솟아오른다. 그 감각은 사물, 공간, 빛, 시간, 인간과 구별되는 별개의 것이 아니라 그것들과 하나를 이룬다. 그 감각은 생명과 존재가 연유한 바로 그 근원으로부터 나온다.

우리도 처음에는 만물을 존재하게 하는 생명을 공유했다. 그런데 그 순간 인간 이외의 것은 자연현상으로 치부해, 자신도 같은 근원에서 비롯했다는 사실을 잊어버렸다. 하지만 바로 여기에 인간 행동과 사고의 원천이 있다. 인간에게 지혜를 주고, 불신자와 무신론자가 아닌 다음에는 부정할 수 없는, 영감이 숨 쉬는 허파가 여기에 있다.

그대는 광대한 지성의 무릎 위에 누워 있다. 그 지혜는 그대에게 진리를 들려주고, 그대를 통해 세상에 드러난다. 그대가 정의와 진리를 분별할 때, 그대는 스스로 아무것도 하지 않는 대신 그 지혜의 빛을 통과시킨다.

그 빛이 어디에서 왔는지 묻는다고 해도, 만물의 근원이 되는 영혼을 캐내려 한다고 해도 아무것도 가르쳐주지 않는다. 그것이 존재하는가 아니면 존재하지 않는지 묻는 것만이 우리가 할 수 있는 전부다.

그대는 자신의 의식적인 행동과 무의식적인 지각을 분별할 수 있다. 그리고 무의식적인 지각이야말로 전적으로 신뢰할 만하다는 사실을 알고 있다. 무의식적인 지각을 말로 표현할 때 실수를 할 수 있지만, 그것의 존재는 낮과 밤처럼 논쟁의 여지가 없다.

반면에 의식적인 행동이나 살아오면서 획득한 것들은 갈피를 잡지 못한다. 그들 사이에서는 근거 없는 공상, 아주 희미한 희망만이 사람들의 호기심과 경의를 지배한다.

생각 없는 사람은 무의식적인 지각과 의견을 구별하지 못해, 그대가 무의식적인 지각을 말로 표현하면 그것을 의견으로 여기고 쉽게 부정해버린다. 그들은 그대가 보고 싶은 것만 볼 뿐이라고 생각한다.

하지만 지각은 기분 내키는 대로 일어나는 것이 아니라 숙명적으로 일어난다. 만약 그대가 어떤 특성을 깨닫는다면, 그대의 아이들도 그대의 뒤를 이어 그것을 깨달을 것이며, 시간이 지나면 온 인류가 그것을 깨달을 것이다. 비록 그대보다 먼저 그것을 깨달은 사람이 없더라도 달라지는 것은 없다. 그대가 그것을 지각한 것은 태양의 존재만큼이나 명백한 사실이기 때문이다.

영혼이라는 이름의
사다리

***

　인간의 영혼과 신성한 영(靈)의 관계는 너무나 순수해서 그 둘 사이에서 무언가를 찾는다는 것은 무례한 일이다. 신은 언제나 한 가지가 아니라 모든 것을 말한다. 세상을 그의 목소리로 채우고, 생각의 중심에서 우러나온 빛과 자연, 시간, 영혼을 밖으로 퍼뜨리고, 새로운 날을 세우고, 만물을 새로 창조한다.

　티 없는 마음으로 신성한 지혜를 받아들일 때 비로소 낡은 것들은 사라진다. 수단과 방법, 교사, 성전이 무너진다. 정신은 현재에 살고, 과거와 미래를 현재의 시간으로 흡수된다.

　세상에 존재하는 모든 것은 이런 관계를 통해 성스러워

진다. 모든 것은 제각각의 이유로 만물의 중심에 귀결되고, 보편적인 기적 속에서 작고 무수한 작은 기적들은 소멸한다. 이것은 엄연한 사실이며 어디서나 이어진다.

그러므로 신을 알고 있으며 신을 말할 수 있다고 주장하는 사람이 나타나, 다른 세계에 있는 오래된 나라의 용어를 써가며 그대를 과거로 데려가려 한다면, 그런 그를 믿지 말라.

도토리가 그 자체로 완성된 열매이기는 하지만 그렇다고 참나무보다 더 낫다고 할 수 있는가? 부모가 자녀에게 자신의 경험을 전수해주었다고 해서 자녀보다 낫다고 할 수 있는가? 그렇다면 이렇게 과거를 숭배하는 풍조는 어디에서 비롯했는가?

세월은 영혼의 정신과 위엄에 대항하는 음모자다. 시간과 공간은 우리의 눈이 만들어내는 생리적 색채에 불과하지만, 영혼은 빛 그 자체다. 빛이 있는 곳은 낮이고, 이전에 있었던 곳은 밤이다. 역사는 현재와 미래에 관계된 유쾌한 교훈담이나 비유에 지나지 않으며, 그 이상이면 무례하고 해롭다.

다른 꽃을
비교하지 말라

***

"나는 정말 운이 없어."

"그건 세상이 잘못된 탓이야."

"남들이 그렇다고 하니 그게 맞는 것 같네요."

사람들은 머뭇거리며 변명만 늘어놓는다. "나는 이렇게 생각한다" 또는 "나는 이렇다"라고 당당하게 말하지 못하고 성인이나 현자의 말을 인용한다. 그들은 활짝 핀 장미 앞에 서면 부끄러워한다.

그대의 창문 아래에 핀 장미는 예전에 피었던 장미나 자기보다 아름다운 장미를 나무라지 않는다. 장미는 지금 이 순간 그 자리에 있는 그대로의 장미이며, 오늘 신과 함께 존재한다. 장미 안에는 시간이 없으며, 다만 장미로 존재

할 뿐이다.

장미는 존재하는 모든 순간에 완벽하다. 잎눈이 터지기 전에도 장미의 온 생명이 움직이고, 꽃이 활짝 피었다고 생명 활동이 증가하는 것도 아니고, 잎이 떨어져 뿌리만 남았다고 생명 활동이 줄어드는 것도 아니다. 장미의 본성은 어떤 순간에도 똑같이 이어지고, 모든 순간에 자연을 만족하게 한다.

하지만 사람들은 무언가를 미래로 미루거나 과거를 돌아본다. 지금 이 순간을 살지 않고, 눈을 돌려 지난 일을 한탄하거나, 자신을 둘러싼 풍요로움을 무시한 채 헛된 희망을 넘겨다보기 위해 발끝을 세운다. 장미처럼 시간을 뛰어넘어 자연과 함께 현재를 살지 않는다면, 누구도 행복해지거나 강해질 수도 없다.

이것은 명백한 사실이다. 아무리 초월적인 지성을 지녔더라도 다윗이나 예레미야, 바울의 언어를 통하지 않는 한 신의 음성을 들으려 하지 않는다. 기껏해야 몇 권의 경전, 몇몇의 인물에게 그렇게 높은 가치를 부여하는 것은 어린아이가 할머니나 선생님이 한 말을 기계적으로 외우는 것과 같다. 나이가 들어서도 우연히 만난 재능 있고 인격을 갖춘 사람들의 말을 되풀이할 것이다.

그들이 한 말을 기억해내려 애쓰다가 마침내 그 말을 한 사람들과 같은 경지에 도달하게 되면, 그때 비로소 그 말을 놓아버린다. 이제 자신도 언제든 필요하면 혼자서도 그 말을 사용할 수 있기 때문이다.

새로운 지각에
눈뜰 때

***

그대가 진실하게 산다면 그대는 진실하게 볼 수 있다. 이는 강한 사람이 더 강인하기 쉽고 약한 사람은 더 약해지기 쉬운 것과 같은 이치다.

새로운 지각에 눈을 뜰 때, 기억 속에 보물로 여겨 소중하게 쌓아두었던 것들이 얼마나 쓸모없는지 알게 되고, 그것들을 낡은 잡동사니처럼 기꺼이 버릴 것이다. 신과 더불어 산다면, 신의 음성이 졸졸 흐르는 시냇물 소리나 곡식의 바스락거리는 소리만큼 달콤할 것이다.

이제 이 주제에 관한 가장 고귀한 진실을 말할 차례가 되었다. 그것은 말로 표현할 수 없는 것인지도 모른다. 우리가 흔히 말하는 모든 것은 직관과는 거리가 먼 기억이기 때문이다.

지금 내가 가장 근접하게 표현할 수 있는 것은 바로 이것이다. 선(善)이 가까이에 있을 때, 그대가 그대 자신의 삶을 살고 있을 때, 그것은 이미 알려져 있거나 익숙한 방식에 의한 것이 아니다.

거기에는 누구의 발자국도 없다. 누구의 얼굴도 보이지 않고, 어떤 이름도 들을 수 없다. 그 방법, 생각, 선은 완전히 낯설고 새로운 것이다. 활용할 수 있는 사례나 경험도 없다. 그것은 익숙하거나 낯익은 사람들에게로 향하는 길이 아니라 그들에게서 떠나오는 길이다.

지금까지 존재했던 모든 사람은 이미 잊힌 대행인일 뿐이다. 두려움과 희망은 그 속을 들여다보면 서로 닮았다. 희망 속에서도 두려움이 숨어 있다. 깨달음의 순간에는 감사라고 부를 만하거나 환희라고 부를 만한 것도 없다.

욕정을 초월한 곳에서 영혼은 영원한 인과관계의 본질을 바라본다. 영혼은 알고 있다. '진리'와 '정의'가 어디에도 의존하지 않고 스스로 존재하며, 모든 것이 순리대로 나아간다는 것을.

대서양과 남태평양 같은 광활한 자연 공간도, 수백 년과 같은 오랜 시간도 아무런 의미가 없다. 이전의 모든 삶과 상태와 조건은 지금 그대가 생각하고 느끼는 것들의 토대가 되며, 지금 그대가 생각하고 느끼는 것들은 그대의 현재, 삶과 죽음이라 불리는 것의 토대가 된다.

3장

내 안의 거인

모든 것은
나로부터 시작한다

***

삶은 살아 있을 때만 유용할 뿐, 살아온 것은 유용하지 않다. 힘은 안식의 순간에 멈추고, 과거에서 새로운 상태로 전환하는 순간에, 활을 쏘는 순간에, 목표를 향해 돌진하는 순간에 존재한다.

영혼은 고정된 것이 아니라 무엇이 되어가는 과정에 있으며, 따라서 늘 변화한다. 세상은 이 분명한 사실을 싫어한다. 그것이 과거의 권위를 떨어뜨리고, 모든 부를 가난으로 바꾸고, 모든 명성을 수치로 뒤바꾸고, 성인과 악한을 혼동하게 하며, 예수와 유다를 같은 쪽으로 밀어내기 때문이다.

영혼이 존재하는 한, 힘은 그대에게 권한을 부여하고 능력과 자격을 허용한다. 그러므로 스스로 지니는 신뢰를 겉으로 떠들어대는 것은 천박한 짓이다. 차라리 신뢰하는 대상을 이야기하는 편이 더 낫다. 그대보다 더 영혼의 소리에 충실한 사람이 그대를 지배하겠지만, 그는 그대를 위해서는 아무것도 하지 않을 것이다. 그대는 영혼의 중력이 끌어당기는 힘에 따라 회전하고 진화할 것이다.

마침내 하나로
모인다

＊＊＊

훌륭한 덕을 이야기할 때, 그것이 현실에 관한 이야기가 아니라 누군가 꾸며낸 말이라고 지레짐작한다. 하지만 덕이 얼마나 높은지는 짐작조차 하지 못한다. 원칙에 매달리는 사람들은 자연의 법과 인간, 즉 신이 모든 국가와 도시, 왕과 부자, 시인들을 다스린다는 사실을 알지 못한다.

모든 것은 축복받은 '하나'로 귀결된다. 이것은 자기 신뢰라는 주제에 국한하지 않고 모든 논의에서 도달하게 되는 궁극적인 사실이다. 자기 존재는 '만물의 근원'이며, 선함을 재는 잣대다. 그 선한 정도에 따라 가장 높은 곳에 이를 수 있고 가장 낮은 곳으로 떨어질 수도 있다.

실재하는 모든 것은 그 안에 들어 있는 덕에 의해 결정

된다. 상업, 농업, 사냥, 고래잡이, 전쟁, 웅변, 개인적인 됨됨이, 이 모든 것은 덕의 본보기이자 잘못된 행동의 본보기로서 그대의 시선을 사로잡는다.

이와 같은 법칙은 자연의 보전과 성장을 위해서도 똑같이 작동한다. 자연에 존재하는 힘은 '옳음'을 재기 위한 필수적인 도구다. 자연은 애쓰지 않아도 저절로 순환한다. 행성의 탄생과 성숙, 강한 바람에 휘어진 나무가 스스로 제자리로 돌아오는 것, 모든 동식물을 먹여 살리는 자원이 존재한다는 것은 자신을 신뢰하기 때문이며, 그 안에 영혼을 깃들어 있음을 증명한다. 가장 높은 곳에서부터 가장 낮은 곳까지 모든 역사는 이 힘에 대한 다양한 기록이다.

그러므로 모든 것에 집중하고, 방황하지 말고 만물의 근원과 더불어 자기 내면에 자리하라. 이 신성한 사실을 선언해, 인간과 책과 제도라는 침입자 무리를 기절시키고 놀라게 하라. 그대의 내부에 신이 함께하므로 침입자들에게 신발을 벗으라고 단호하게 명령하라.

그대의 단호함으로 그들을 판단하라. 그대 자신이 정한 법에 따라 살아가는 힘으로 모두가 본래 지닌 풍요로움을 깨닫게 하라.

가슴이 시키는
일

***

　사람들은 어리석은 대중에 불과하다. 인간을 경외하지 않고, 자신의 재능을 믿고 내면의 큰 바다와 소통하지 않은 채 남의 항아리에 담긴 물 한 잔을 구걸한다.

　그대는 외로워하지 말고 혼자 가야 한다. 나는 어떤 설교보다 예배가 시작되기 전 고요한 교회를 좋아한다. 그 순간, 각자의 성역에 둘러싸인 이들은 얼마나 고고하고 침착하며 얼마나 순결해 보이는가. 그러므로 항상 고요함을 만끽하라. 그대가 앉은 벽난로 앞에 친구나 아내, 부모, 아이가 함께 있다고 해서, 같은 피를 나누었다고 해서 그대가 그들의 잘못을 떠안을 이유는 없다.

　모든 인류에는 그대의 피가 흐르고, 그대에게는 인류의

피가 흐른다. 그렇다고 해서 그들의 소심함과 어리석음을 본뜨지 마라. 오히려 그것을 부끄러워하라.

고립은 기계적인 것이 아니라 자신을 고양하는 영적인 것이어야 한다. 자기만의 영역에 있으려 할 때, 온 세상이 공모해서 그대를 유혹하려 할지도 모른다. 친구, 고객, 자녀, 질병, 두려움, 결핍, 자선 등이 문을 두드리며 이렇게 소리칠 것이다.

"어서 우리에게 오라."

그 말에 홀리거나 자신을 내려놓지 말고, 그 상태 그대로 자신의 영역에 머물며, 잠시도 그들의 혼란 속으로 발을 디디지 마라. 그들이 그대를 괴롭히는 힘은 그대의 약한 호기심에서 비롯한다. 누구도 그대의 행동을 통하지 않고는 가까이 다가올 수 없다.

"우리는 사랑하는 것을 갖고 있지만, 욕망으로 인해 그 사랑을 잃는다."

순종과 신앙이라는 성스러운 경지에 곧바로 이를 수 없다고 해도, 적어도 유혹은 물리쳐라. 가슴속에 전쟁의 신 토르와 보단을, 용기와 곧은 절개를 일깨워라. 지금처럼 평화로운 시기에 진실을 말함으로써 그것을 쟁취하라.

진실이 나를
주인 되게 할지니

✻✻✻

거짓된 친절과 거짓된 애정을 확인하라. 속고 속이는 사람들의 기대에 더는 부응하지 말라. 그런 그들에게 이렇게 말하라.

"아버지여, 어머니여, 아내여, 형제여, 친구여. 나는 지금까지 허상만 좇아 당신들과 살아왔다. 하지만 이제부터 나는 진실의 편에 설 것이다. 지금부터 나는 영원불편의 법칙 외에는 따르지 않는다는 것을 선언한다.

나는 가까운 가족 외에는 어떠한 계약에도 구애받지 않을 것이다. 나는 나의 부모를 받들어 모시고, 가족을 부양하고, 내 아내의 순결한 남편이 되기 위해 노력할 것이다. 그러나 이러한 관계는 전에 없던 새로운 방식으로 채울 것이다. 나는 낡은 관습에 이의를 제기할 것이다.

나는 나 자신이 되어야 한다. 나는 당신을 위해 나 자신과 당신을 망칠 수 없다. 당신이 있는 그대로의 나를 사랑할 수 있다면 우리는 더 행복해질 것이다. 당신이 그러지 못하더라도 나는 여전히 그렇게 되도록 노력할 것이다.

나는 나 자신이어야 한다. 나는 나의 취향이나 혐오를 숨기지 않을 것이다. 나는 깊은 것이 거룩하다는 것을 믿고, 해와 달이 나를 진심으로 기뻐할 것을 알고, 마음이 가리키는 것은 무엇이든 열심히 행할 것이다.

당신이 고귀하다면 나는 당신을 사랑할 것이다. 그렇지 않다면 나는 위선적인 관심으로 당신이나 나 자신에게 상처를 입히는 일은 하지 않을 것이다.

만약 당신이 진실하지만 나와 같은 진실에 있지 않다면, 당신이 찾는 벗들에게 머물러 있으라. 나는 나의 벗을 찾을 것이다. 나는 이기적이어서가 아니라 겸손하고 진실하게 말한다.

우리가 아무리 오랫동안 거짓에 살았더라도 진실 안에서 살고자 하는 마음은 당신과 나 모두 다르지 않다. 이 말이 가혹하게 들리는가? 그러나 당신도 곧 나처럼 당신의 본성이 지시하는 것을 사랑하게 될 것이다. 그 진실을 따른다면 마침내 우리를 안심하게 될 것이다. 이렇게 하는 것이 당신의 친구들에게 상처를 줄 수도 있지만, 그들의 감정을 살피느라 나의 자유와 힘을 포기할 수는 없다. 게다가 모든 사람에게는 절대적인 진리의 영역을 탐구하게 하는 이성의 순간이 있다. 그때가 되면 그들은 나를 정당화하고, 나와 똑같은 일을 할 것이다."

나만의 기준으로
살아라

***

    일반적인 기준을 거부하면, 세상 사람들은 모든 기준을 거부한 것으로 생각해, 모두가 지키는 도덕률을 폐기하자는 것이냐고 따질 것이다. 실제로 뻔뻔한 감상주의자는 철학의 이름을 빌려 자신의 죄를 미화할 것이다. 그러나 참회의 시간은 결코 멀리 있지 않다.

    참회에는 두 가지 방법이 있다. 하나는 속죄함으로써 책임을 다하는 것이고, 다른 하나는 외부의 기준에 맞춰 반성함으로써 죄를 씻는 것이다. 이 중 두 번째 방식을 택한다면, 부모, 친척, 이웃, 키우는 고양이나 개와의 관계가 만족스러운지, 이들 중 어느 하나에도 비난받을 만한 일은 없었는지 살펴볼 것이다.

하지만 이런 외부의 기준을 무시하고 그대 자신에게 면죄부를 줄 수 있다. 그대에게는 그대만의 엄격한 주장과 완전한 세계가 있다. 그 안에서는 세상 사람들이 의무라고 짊어주는 무거운 짐이 없다. 그대가 자신의 기준을 만족시킬 수 있다면 세상의 기준을 따를 필요가 없다.

"자신의 기준을 따르는 게 뭐가 어렵다고 그러세요?"

이렇게 묻는다면 단호하게 말하라.

"정말 어렵지 않다면 단 하루만이라도 자신의 기준에 따라 살아보세요."

인류의 일반적인 동기를 버리고 자기 자신을 신뢰하며 스스로 엄격한 인생의 주인이 되려면, 내면에 신과 같은 무언가를 지녀야 한다. 그때 마음은 고귀하고, 의지는 충실하며, 시야는 맑아져 자기 자신에게 참된 가르침이 되고, 조화로운 사회가 되고, 가장 공정한 법이 될 것이다. 아무리 소박한 목적이라도 다른 사람들이 철칙으로 생각하는 것과 똑같은 무게가 된다.

한 '사회'가 요구하는 조건들에 매달리는 순간, 근육과 심장이 빠져나간 듯 겁 많고 소심한 투정쟁이가 되어버린다. 진실을 두려워하고, 운명을 두려워하고, 서로를 두려워한다.

우리 시대는 위대하고 완전한 인간을 만들어내지 못했다. 모두가 삶과 사회를 혁신할 사람을 기다리지만, 현실에서 만나는 이들은 대부분 인성이 파괴된 자들이다. 그들은 자신의 욕구를 만족시키지 못하고, 실제 능력에서 벗어나는 야망을 품고 있으며, 밤낮없이 다른 사람들에게 서둘러 기댄다.

우리의 살림은 구걸이나 다름없다. 우리의 직업, 예술, 결혼, 종교는 우리가 스스로 선택한 것이 아니라 사회가 우리를 위해 선택해준 것이다. 우리는 말뿐인 병사다. 운명이라는 전장에서 맞서 싸우기보다는 그런 전장에서 서둘러 달아난다.

가볍게 땅을 딛는
고양이처럼

＊＊＊

처음 일을 시작해서 실패하면 헤어날 길을 찾지 못하는 이들이 많다. 젊은 상인이 사업을 하다 실패하면 사람들은 그가 망했다고 말한다.

아주 명석한 청년이 명문 대학을 졸업한 후 일 년 이내에 큰 회사에 취직하지 못하면, 그 자신은 물론 그의 친구들도 낙담하고, 남은 인생을 불평하며 지내는 것을 당연하게 생각한다.

그와 반대로 시골 출신의 강인한 청년은 차례로 온갖 직업에 도전한다. 짐을 나르고, 밭을 갈던 그는 이어 행상을 하고, 그 돈을 모아 작은 학교를 짓고, 설교하고, 신문을 편집하고, 의회에 진출하고, 마침내 대지주가 된다. 역

경이 닥쳐와 무너지기를 반복하더라도 그는 날쌘 고양이처럼 사뿐하게 착지한다. 이런 젊은이는 도시의 인형 같은 젊은이 백 명보다 가치가 있다.

그는 자신의 삶을 남들에게 돋보이려 연기하지 않고, '전문 교육'을 받지 못했다는 것을 부끄러워하지 않는다. 그에게는 한 가지 기회가 아니라 백 가지 기회가 있다.

스토아 철학자가 와서 인간이 고유하게 지닌 자원을 보여주며, 이렇게 말했으면 좋겠다.

"사람은 누군가에게 기대는 버드나무가 아니라 스스로 설 수 있고 그래야만 한다."

"자신을 신뢰해야만 새로운 힘이 우러난다."

"인간은 신의 말이 육신으로 나타난 것이며, 인류를 치유하기 위해 태어났다."

"다른 사람에게 동정을 받는 것은 부끄럽고 수치스러운 일이다."

"법과 책과 우상 숭배와 관습을 창밖으로 내던지고 스스로 우러나와 행동하라. 그러면 아무도 당신을 더는 가여워하지 않고 당신에게 감사하고, 당신을 우러러볼 것이다."

이러한 가르침을 주는 철학자야말로 인간의 삶을 화려

하게 되살려냄으로써 역사에 영원히 남을 것이다.

자기 자신을 믿으면 일과 인간관계, 종교, 교육, 연구, 생활양식, 교제, 재산, 이념에서 혁명이 일어나리라는 것을 더 쉽게 알 수 있다.

후회하는 일이
생길지라도

＊＊＊

  사람들은 어떤 기도에 열중하는가? 그들이 거룩한 직분이라고 부르는 것은 알고 보면 훌륭하고 용감한 것이 아니다. 기도는 언제나 외부를 향하고, 자신과는 전혀 관계없는 미덕을 통해 자신도 알지 못하는 무언가가 외부로부터 더해지기를 갈구한다. 그리고 자연과 초자연, 중재와 기적의 끝없는 미로 속에서 길을 잃는다.

  모든 선이 아닌 특정한 이익을 갈망하는 기도는 악한 기도. 기도는 가장 높은 관점에서 삶의 현실을 묵상하는 것이다. 그것은 인생을 바라보며 환희에 찬 영혼의 독백으로, 자신의 과업을 선이라고 선언하는 신의 영혼이다.

  그러나 개인적인 목적을 달성하기 위한 수단으로서의

기도는 도둑질이며, 비열한 행위다. 그것은 자연과 의식의 일치가 아니라 이원적인 것을 가정한다.

신과 일체가 된 인간은 그 즉시 구걸하지 않을 것이며, 모든 행위에서 기도를 발견하게 될 것이다. 밭에서 잡초를 뽑기 위해 무릎을 꿇은 농부의 기도, 노를 저으며 무릎을 꿇은 사공의 기도는 그 목적하는 바가 비록 하찮을지라도 자연 전체에서 들려오는 참된 기도다.

영국의 극작가 플레처의 희곡 〈본두카〉에서 카라타흐는 아우다테 신의 마음을 물어보라는 명을 받았을 때 이렇게 대답한다.

신의 숨은 뜻은 우리의 노력 안에 있다. 우리의 의지, 우리의 기도야말로 우리에게 최고의 신이다.

또 다른 거짓된 기도는 후회다. 후회는 자기 신뢰가 부족한 탓이며, 의지의 나약함이다. 불행을 뉘우치는 것으로 고통받는 사람을 도울 수 있다면 그것으로 좋다. 그것이 아니라면 자기 일에 열중하라. 그러면 잘못이 고쳐지기 시작한다.

동정 또한 후회와 마찬가지다. 부끄러움을 모르고 큰 소리로 울고 있는 사람을 보면, 그의 곁에 다가가 나란히 앉

아서 따라 운다. 강한 충격을 가해서 그에게 진실을 전하고, 건강을 회복하게 하고, 다시 한번 그가 영혼과 소통하게 한다.

행운의 비밀은 그대의 손안에 있다. 신과 인간에게 언제나 환영받는 것은 스스로 돕는 사람이다. 그대를 위해 모든 문이 활짝 열려 있다. 모두가 그대에게 반갑게 인사하고, 모든 영광이 그대에게 돌아가고, 모든 사람이 그대의 뒤를 따른다.

그대가 사람들의 사랑을 구하지 않았기 때문에 사람들의 사랑은 그대를 향하고 그대를 껴안는다. 그대가 자신의 길을 고수하고 사람들의 비난에 흔들리지 않기 때문에 사람들은 그대에게 간청하고 변명하듯 그대를 껴안고 찬양한다.

신은 사람들이 그대를 미워하기 때문에 그대를 사랑한다. 조로아스터교를 창시한 조로아스터는 이렇게 말했다.

"신은 인내하는 인간에게 질풍처럼 강림한다."

언제까지 헛되게
찾을 것인가

***

인간의 기도가 의지의 질병인 것처럼 교의도 지성의 질병이다.

그들은 저 어리석은 이스라엘 백성들과 함께 말한다.

"당신이 우리에게 말씀하소서, 우리가 들으리이다. 하나님이 우리에게 말씀하시지 말게 하소서, 우리가 죽을까 하나이다."

어디에 가더라도 나는 내 형제 속에 깃든 신과 만나는 것을 방해받고 있다. 형제들은 자기 신전의 문을 닫아걸고, 자기 형제의 신이나 그 형제의 형제의 신에 대한 우화만 암송하고 있지 않은가.

새로운 정신은 새로운 원칙을 만든다. 만약 그것이 비상

한 활동과 힘을 가진 정신으로 판명된다면, 즉 계몽철학자 로크, 프랑스의 화학자 라부아지에, 근대 지리학의 창시자라 불리는 허튼, '최대 다수의 최대 행복'을 주창한 벤담, 생산자 협동조합을 주장한 사회사상가 푸리에와 같은 마음이라면, 그것은 일파를 이루어 다른 사람들에게 자신들의 원칙을 적용한다.

그리하여 하나의 새로운 체계가 탄생한다. 그것은 그 사상의 깊이에 따라, 그 사상이 영향을 주는 범위에 따라 결정된다. 이것은 주로 종교 안에서 명백하게 드러난다. 하지만 이것은 의무라는 원초적인 개념과 막대한 영향력을 발휘하는 강력한 정신의 작용에 지나지 않는다. 칼빈주의와 퀘이커교가 그렇고, 에마누엘 스베덴보리의 신학에서 영향을 받아 일어난 스베덴보리주의가 그렇다.

그 종파의 입문자들은 모든 대상에 새로운 이름을 붙이고, 식물학을 막 배운 학생이 식물학 용어를 적용해 대지와 계절을 새로운 눈으로 보는 것과 같은 기쁨을 느낀다.

제자들은 스승에게서 진정한 빛을 느낄 것이다. 스승의 글과 행적을 연구함으로써 자신의 지적인 능력이 향상했다고 느낄 것이다. 이것은 그 학생이 스승의 마음을 이해할 때까지 계속될 것이다.

그러나 균형 잡히지 못한 정신은 원칙을 우상화하고, 그 원칙을 궁극적인 목적으로 삼는다.

그래서 그들에게는 새로운 체계의 벽이 먼 지평선에서 우주의 벽과 뒤섞여 한계가 없어진다. 그들에게는 밤하늘의 별들이 스승이 세운 궁륭처럼 보인다. 그들은 외부인이 어떻게 별을 볼 권리를 갖는지, 어떻게 별을 볼 수 있는지도 이해하지 못한다. 그들은 이렇게 말할 것이다.

"우리에게서 빛을 훔쳐 간 게 틀림없다."

그들은 빛이 어디에도 구애받지 않고, 어떤 오두막도, 심지어 자신의 지붕도 비춘다는 것을 깨닫지 못한다.

그런 그들이 좋을 대로 떠들면서 자기들의 것이라고 말하게 내버려두어라. 그들이 정직하고 훌륭하게 살아간다면, 그들의 아늑한 오두막은 머지않아 얼마나 좁고 낮은지 깨달을 것이다.

그 오두막은 기울고, 허물어지고, 썩어서 없어질 것이다. 그때 불멸하며 환희에 넘치는 빛이 천지가 처음 열린 것처럼 온 우주를 비출 것이다.

내 안의 거인과
함께라면

***

　교양 있는 사람들이 여전히 '여행'이라는 미신에 빠진
것은 자기 수양이 부족한 탓이다. 이 미신에 빠진 사람들
은 이탈리아와 영국, 이집트, 그리스의 문화를 갈망하고,
그곳을 신성한 땅으로 숭배한다. 그들은 그 땅을 지구의
지축이라도 되는 듯 집착한다. 하지만 내부의 힘이 강한
사람은 자신의 의무 속에서 자신이 머무를 곳을 알아낸다.
　영혼은 나그네가 아니다. 지혜로운 사람은 영혼과 함께
집에 머문다. 필요나 의무 때문에 집을 떠나기도 하지만,
그의 마음은 집에 있을 때와 다름없는 평온한 표정이다.
그런 표정을 본 사람들을 그가 지혜와 덕을 전하는 사람이
라는 것을, 시종이 아니라 군주처럼 당당하게 도시와 사람

들을 방문한다는 것을 깨닫는다.

여행을 떠나는 사람이 자신이 태어난 곳을 사랑한다면, 나 역시 예술과 학문, 박애를 위해 세계를 여행하는 것을 반대하지 않는다. 그러나 즐기기 위해, 또는 자신이 가지고 있지 않은 것을 손에 넣기 위해 여행하는 사람은 자신에게서 도망치는 것이다. 낡은 것들 속에서 새로운 마음은 시들어 간다. 이집트의 고대 도시 테베나 시리아 사막의 유적지 팔미라에서 새로운 의지와 정신은 고대 도시들과 마찬가지로 낡아버린다. 폐허에 폐허를 얹을 뿐이다.

여행은 어리석은 자의 낙원이다. 한 번이라도 여행을 떠나본 사람이라면, 어디를 가더라도 차이를 발견하지 못한다. 집에서 나폴리나 로마를 상상할 때면, 그 아름다움에 취해 슬픔 따위는 잊을 수 있을 것 같다. 그래서 짐을 꾸리고, 친구들과 작별인사를 나누고, 마침내 꿈꾸던 그곳에서 아침을 맞는다. 하지만 그곳에서도 도망쳐 온 슬픈 자아가 예전과 조금도 달라지지 않은 모습으로 다가온다.

바티칸 궁전을 들러보고, 그 웅장함에 취하지만 돌아서면 사실은 도취되지 않는다. 어디를 가더라도 나의 분신인 거인은 나와 함께 있다.

나는 충분히
위대하다

***

여행을 열망하는 것은 지적 활동에 영향을 미치는, 더 깊은 불건전함을 보여주는 증후다. 지성이란 본래 정처 없이 떠돌아다니는 것으로, 보편주의를 강조하는 현대의 교육제도 탓에 불안을 더욱 조장한다.

육체가 집에 머물러 있어야 할 때, 마음은 여행을 떠난다. 그래서 우리는 모방한다. 그 모방은 정신의 여행이다.

이국적인 집을 짓고, 외국의 장식품으로 선반을 장식하며, 자신의 의견과 취향, 능력보다 '과거의 것'과 '멀리 있는 곳'을 따라가고 그것을 흉내낸다.

그러나 예술의 번성기에 예술을 창조한 것은 언제나 인간의 영혼이었다. 예술가는 자신의 정신에서 모델을 찾았다. 자신의 느낌을 기준으로 무엇을 만들고 어떻게 만들지 생각했다. 아름다움과 편리함, 위대한 사상, 독창적인 표현은 우리 주변에 널려 있다.

예술가가 희망과 애정을 갖고 자기 힘으로 자신이 창조한다면, 그가 사는 곳의 기후, 토양, 밤과 낮의 길이, 사람들의 요구를 이해한다면, 그는 이 모든 것에 적합하고 자신의 취향과 정서도 만족시키는 작품을 만들 수 있다.

그대 자신을 고수하라. 그러나 절대 모방하지 말라.

태어나면서 받은 능력은 언제든 표현할 수 있고, 오래 축적된 힘으로 매 순간 더욱 풍요롭게 표현할 수 있다. 하지만 다른 사람에게서 끌어온 능력은 일시적이며 반쪽짜리에 불과하다. 각자가 가장 잘할 수 있는 것이 무엇인지 가르쳐줄 수 있는 것은 그를 만든 조물주뿐이다. 자신의 타고난 본분이 무엇인지 직접 해보기 전에는 알지 못하며, 알 수도 없다.

셰익스피어를 가르칠 수 있었던 교사는 어디에 있는가? 프랭클린이나 워싱턴, 베이컨, 뉴턴을 가르칠 수 있었던 스승은 어디에 있는가? 위대한 인물들은 모두 유일무이한 존재다. 고대 로마의 정치가 스키피오가 창설한 스키피오

주의의 핵심은 그가 다른 곳에서 빌릴 수 없었던 바로 그 부분이다.

하늘이 그대에게 맡긴 일을 하라. 그러면 그것이 무엇이든 희망할 수 있고, 무엇이든 실행할 수 있다. 바로 그 순간, 그대는 파르테논 신전의 아테네 여신상을 만든 조각가 피디아스의 끌이나 이집트인들의 흙손, 모세나 단테의 펜과 같은, 화려하고 웅장한 표현을 얻게 된다. 그때 그 표현은 누구의 것과도 비교할 수 없는, 그대만의 것이다.

천 개의 혀를 가진 인간이라도 자기가 한 말을 다시 되풀이하지 않을 것이다. 그러나 만약 그대가 옛 대가들이 한 말을 들을 수 있다면, 확실히 그들과 같은 어조로 대답할 수 있을 것이다. 귀와 혀는 기관이 다르지만 본질은 같기 때문이다.

삶의 고귀한 영역에서 살아가라. 그리고 마음의 목소리에 순종하라. 그러면 그대는 태초의 세계를 이 땅 위에 창조할 수 있을 것이다. 누구를 따라 하는 삶이 아니라, 그대 고유의 인생의 주인이 될 수 있을 것이다.

4장

지금 나 자신으로 살아라

우리가 삶이라고
할 때

***

　우리의 종교, 우리의 교육, 우리의 예술이 외부로 눈을 돌리듯이 우리의 사회정신도 외부로 향하고 있다. 모든 사람이 사회가 진보한다고 자랑하지만, 그에 걸맞게 진보하는 사람은 한 명도 없다.

　사회는 절대 진보하지 않는다. 한쪽에서 진보하는 만큼 다른 한쪽은 후퇴한다. 미개한 사회가 문명화되고, 기독교로 바뀌고, 풍요로워지고, 과학적으로 바뀌는 등 사회는 쉴 새 없이 변화하는 것처럼 보이지만, 이런 변화는 개선이 아니다. 무언가를 얻을 때는 반드시 무언가를 빼앗기는 법이다.

　사회가 새로운 기술을 습득할수록 그 안의 본성을 잃어

버린다. 시계를 차고, 지갑에 수표를 넣고, 좋은 옷을 차려입고, 읽고 쓸 줄 아는 문명인과 가진 것이라고는 곤봉 하나, 창 한 자루, 거적 한 장, 몸을 누일 나무집이 전부인 원주민은 얼마나 대조적인가. 하지만 이들의 신체적 건강을 비교해보면 문명인은 원시적인 생명력을 잃어버렸다는 것을 알 수 있다.

만약 여행자가 하는 말이 진실이라면, 원주민은 몽둥이에 얻어맞아도 하루나 이틀 안에 새살이 돋아나 치유될 것이며, 똑같이 몽둥이로 문명인을 친다면 그는 무덤으로 직행할 것이다.

문명인은 마차를 만들었지만 그로 인해 두 발을 사용하는 법을 잊어버렸다. 지팡이로 몸을 지탱하지만 근육 자체의 지지력을 잃어버렸다. 멋진 시계를 차고 있지만 태양을 보고 시각을 알아내는 능력을 잃어버렸다.

그리니치 항해력을 가지고 있어서 원하는 정보를 어느 때든 손에 넣을 수 있지만, 거리를 지나다니는 사람들은 하늘의 별을 읽는 법을 알지 못한다. 하지와 동지에 대해 주의하지 않고, 춘분과 추분에 대해서도 아는 것이 하나도 없다. 하늘에는 일 년 내내 빛나는 달력이 있지만 아무도 그 지침을 읽지 못한다.

수첩에 의지하면서 기억력은 쇠퇴하고, 도서관에 의지해 지력이 피폐해진다. 경쟁적으로 증가하는 보험회사들은 오히려 사고 건수를 증가시킨다.

기계가 오히려 방해되는 것은 아닌지, 세련됨을 추구하다 보니 오히려 활력을 잃지는 않았는지, 교회가 번성하면서 오히려 본연의 힘이 약해지지는 않았는지 의문스럽다.

스토아학파 철학자들은 그 철학에 걸맞게 모두 금욕주의자였다. 그렇다면 지금 진정한 교인은 어디에 있는가?

위대함을 만드는
순간

＊＊＊

높이나 부피의 기준이 바뀌지 않듯이 정신적 기준 역시 변하지 않는다. 고대의 위대한 인물보다 더 위대한 사람은 오늘날 존재하지 않는다.

고대의 위인과 현대의 위인 사이에는 놀라울 정도로 일치하는 면이 있다. 흔히 인류는 시간이 흐를수록 진보한다고 하지만, 결코 진보하는 것이 아니다. 그렇지 않다면 어떻게 19세기 과학, 예술, 종교, 철학을 모두 동원해도 고대 그리스 철학자이자 정치가인 플루타르크가 그려낸 영웅들보다 위대한 인물을 길러내지 못했는가?

고대 그리스의 포시온, 소크라테스, 아낙사고라스, 디오게네스는 위대한 인물들이다. 하지만 그들은 같은 부류를

남지 않았다. 진정으로 그들과 같은 부류라면, 그들의 이름으로 불리는 것이 아니라 자신의 이름으로 그만의 일파의 창시했을 것이다.

각 시대의 예술과 발명은 다만 그 시대의 표상에 불과할 뿐, 인간에게 활기를 불어넣지 않는다. 아무리 발전한 기계라고 해도 마찬가지다.

북서항로와 북동항로를 개척한 허드슨, 베링해협과 알래스카를 탐험한 베링은 어선으로 많은 것을 성취해, 과학 기술로 무장한 배로 탐험한 패리와 프랭클린을 놀라게 했다. 갈릴레오는 오페라 관람용 쌍안경 하나로 그 이후 그 어떤 것보다 더 놀라운 천체 현상을 발견했다. 콜럼버스는 갑판이 없는 배를 타고 '신대륙'을 찾아냈다.

몇 년 또는 몇 세기 전에 큰 찬사를 받으며 소개되었던 수단이나 기계가 시간이 지나면서 사용되지 않고 사라지는 것은 흥미로운 일이다.

위대한 천재도 본질에서는 한 사람의 인간이다. 전쟁 기술의 발전은 과학의 승리라고 생각하지만, 나폴레옹은 야영 전술로 임했고, 외부로부터의 지원을 모두 거부하고 오로지 자신의 용기에 의지해 유럽을 정복했다.

역사가인 라스 카즈는 나폴레옹이 세인트헬레나섬으로 유배 갔을 때 동행했으며, 나폴레옹의 회상록인 《세인트헬레나의 회상》을 엮었다. 그에 따르면 나폴레옹은 무기, 탄약고, 병참부, 운송 수단을 없애고, 병사들이 지급받은 곡물을 자기 손으로 빻아 직접 빵을 만든 이후에야 완벽한 군대를 꾸릴 수 있었다.

사회는 물결이다. 물결은 앞으로 나아가지만, 물결을 구성하는 물은 그렇지 않다. 똑같은 물 분자가 계곡에서 산등성이로 올라가는 것은 아니다. 그 결합은 다만 표면적인 형상에 불과하다. 국가를 구성하는 개인들은 내년이면 죽음을 맞이하고, 그들과 함께한 경험도 사라진다.

운명에 맞서는
힘

***

재산에 의지하는 것, 혹은 재산을 보호해주는 정부에 의
존하는 것은 자기 자신에 대한 신뢰가 부족하다는 뜻이다.

사람들은 너무 오랫동안 자기 자신을 외면해왔고, 교회
와 학교, 사회제도를 재산의 보호자로 생각해왔다. 이런
조직에 대한 공격을 자신의 재산에 대한 공격이라고 생각
한다.

그들은 인격이 아니라 소유하고 있는 것을 기준으로 상
대방의 가치를 평가한다. 하지만 교양 있는 사람은 자신의
본성을 존중하므로 자신의 재산을 부끄럽게 여긴다. 특히
재산이 우연히 자기 손에 들어온 경우, 즉 상속이나 증여,
범죄로 자기 것이 된 경우에는 자신의 소유물을 혐오한다.

그는 그것이 자신에게 속하지 않고, 자신에게 뿌리를 두고 있지 않으며, 단지 거기에 놓여 있다고 느낀다.

인격은 언제나 필요에 따라 획득된다. 그것은 영구적이고 살아 있는 재산으로, 통치자나 폭도, 혁명, 방화, 폭풍, 파산에 위협받지 않고, 그 사람이 있는 곳이면 어디서나 끊임없이 새롭게 성장한다.

아라비아 제4대 최고지도자인 칼리프 알리는 말했다.

"당신의 운명, 즉 당신 인생의 몫은 당신 자신을 따르는 것이오. 그러므로 운명에 기대는 것을 멈추시오."

외부의 대상에 의존하는 탓에 우리는 노예처럼 숫자에 끌려다닌다. 정당은 수많은 집회를 열고, 그 집회에 참여한 이들은 모인 사람이 많으면 많을수록 자신이 전보다 더 강해졌다고 느낀다. 큰 홀에서 새로운 함성이 울려 퍼질 때마다 그들은 함께 모여 있는 수천 개의 팔과 눈을 통해 자신이 이전보다 더 강해졌다고 생각한다. 개혁가들도 이와 똑같은 방식으로 집회를 열고, 투표하고, 다수결로 결정한다.

그러나 그대여, 그렇게 해서는 신이 그대에게 들어가 머물러주지 않는다. 오히려 그와는 정확하게 반대되는 방식으로 그대에게 머물 것이다.

외부의 모든 지원을 거부하고 홀로 설 때만 강해지고 승리를 거머쥘 수 있다. 깃발 아래 모여드는 사람이 많으면 많을수록 인간은 약해진다. 오히려 홀로 서 있는 한 사람이 도시 하나보다 낫다.

다른 사람들에게 아무것도 요구하지 말고, 아무것도 구하지 말라. 그러면 끝없는 변화하는 세상 속에서 가장 굳건한 기둥이 되어 주위의 모든 것을 지탱해줄 것이다.

손님이 아니라
내 삶의 주인으로

***

 힘은 인간의 영혼에 깃들어 있다는 것을 알고, 진정한 가치를 자신이 아니라 외부에서 찾았기 때문에 자신이 약해졌다는 것을 깨달은 사람은 주저하지 않고 자신의 생각에 자신을 맡긴다. 자신을 바로 세우고, 우뚝 서서 자신의 손과 발로 기적을 행한다. 두 발로 땅을 딛고 있는 사람이 물구나무를 선 사람보다 더 강한 힘을 내는 법이다.

 '운'이라고 불리는 것을 대할 때도 마찬가지다. 사람들은 대부분 행운의 여신을 상대로 도박하고, 운명의 수레바퀴가 굴러가는 대로 모든 것을 얻거나 잃는다.

 하지만 운에 따라 얻는 것은 도리에 어긋나므로 내버리고, 신의 법관인 '원인'과 '결과'를 상대하라. 위대한 '의지'에 따라 행동하고, 선한 것을 얻으면 '우연'의 수레바퀴는 묶어두어라. 그러면 항상 행운의 여신이 그대를 따라 그 수레를 끌고 갈 것이다.

정치적 승리, 수입의 증가, 건강 회복, 오랜만에 돌아온 친구, 또는 생각하지 못한 행운이 몰려오면 절로 들뜬다. 행운이 나를 기다리고 있다고 생각하게 된다. 하지만 그런 것을 믿지 말라. 그대 자신 외에는 누구도 그대에게 평화를 가져다줄 수 없다. 근본 원칙을 따르고 그 영광을 누리는 것 외에는 아무것도 그대에게 평화를 안겨주지 않는다.

그대, 자신을 믿어라. 인생의 주인은 그 누구도 아닌 그대 자신이다.